AF215600

Andreas Hesse

Meine perfekte Geldanlage

Andreas Hesse

Meine optimale Geldanlage

Jeder sollte in der Lage sein,

sein Kapital optimal für sich zu nutzen.

Herstellung und Verlag

BoD – Books on Demand, Norderstedt

ISBN 978-3-7448-9995-6

Unsere Schulen geben den jungen Menschen keine Ausbildung für die finanzielle Vorsorge mit auf den Weg. Der Großteil der Bundesbürger ist auf professionelle Hilfe angewiesen. Aber um das Vertrauen gegenüber Bank- und Finanzberater steht es schlecht. Was also tun?

Andreas Hesse sucht in diesem Buch nach den Ursachen, warum die meisten Deutschen im Rahmen ihrer Möglichkeiten so wenig aus ihrem Geld machen. Muss man sich damit abfinden oder geht es auch besser?

Dieses Buch gibt keine heißen Anlagetipps. Es ist vielmehr ein Leitfaden, der jedem, der es möchte, eine Orientierung gibt, wie er seine finanziellen Mittel optimal für sich und seine persönlichen Ansprüche einsetzen kann. Denn es hat jeder ein Recht auf seine *optimale Geldanlage.*

Andreas Hesse, verheiratet, Vater von zwei Töchtern, ist selbstständiger Bankfachwirt und Experte für ganzheitliche Finanzplanung.

10 Jahre betreute er als Bankangestellter vermögende Privatanleger. 2006 wechselte er im Interesse seiner Kunden in die Unabhängigkeit.

In der Branche gut vernetzt, spricht er regelmäßig mit bekannten Vermögensverwaltern und Fondsmanagern, tauscht sich mit erfolgreichen Kollegen aus und besucht zahlreiche Kongresse.

Auf Basis dieses Wissens und der jahrelangen Praxiserfahrung, möchte Andreas Hesse mit diesem Ratgeber möglichst viele Menschen motivieren, die Dinge in die Hand zu nehmen und ihre finanzielle Unabhängigkeit zu sichern.

Vorwort

Gibt es eigentlich *die optimale Geldanlage?*
Kann ich Ihnen helfen, Ihre beste Geldanlage zu finden?

Die Folgen des aktuellen Niedrigzinsniveaus haben die meisten Deutschen noch überhaupt nicht als Problem erkannt. Es ist unumkehrbar, dass der fehlende Zins massive Löcher in die persönliche Altersvorsorge reißen wird.

Dennoch belassen die Deutschen den Großteil der über 5 Billionen Euro an Geldvermögen auf unverzinslichen Konten oder zahlen hierfür sogar Verwahrgeld bzw. Negativzinsen. Auch Pensionskassen und Versicherungen werden über Jahre oder gar Jahrzehnte nicht mit den geplanten Renditen arbeiten können, die ursprünglich einmal geplant waren.

Trotzdem haben so viele Menschen keine durchdachte Strategie für ihre eigenen Finanzen!

Warum ist das so?

Ich möchte mit meinem Buch die wesentlichen Gründe herausarbeiten, um möglichst allen Anlegern, die das möchten, Wege aufzuzeigen, für sich die allerbeste, also *optimale Geldanlage*, zu finden.
Ich selbst bin seit über 25 Jahren in der Finanzbranche tätig. Davon berate ich nun schon 20 Jahre lang Privatanleger. Sowohl in meiner Zeit als angestellter Vermögensberater bei zwei Volksbanken als auch als freiberuflicher unabhängiger Finanzberater habe ich viele Erkenntnisse sammeln können, um

unterschiedliche Ursachen für dieses unlogische Anleger-verhalten herauszufinden.

Eines kann ich schon einmal vorwegnehmen:

Jeder Einzelne ist grundsätzlich in der Lage dazu, seine persönliche optimale Geldanlage zu finden.

Erwarten Sie auf den folgenden Seiten bitte kein Fachbuch auf Universitätsniveau. Es war mir einfach ein Anliegen, meine persönlichen Erfahrungen aus den täglichen Gesprächen mit meinen Mandanten so niederzuschreiben, dass ich auch anderen Menschen helfen kann, ihre persönlichen Hemmnisse selbst zu erkennen und für sich den richtigen Weg zu finden. Jeder kann mit seinen persönlichen finanziellen Mitteln mehr erreichen!

Vielleicht werden Sie an der einen oder anderen Stelle den Eindruck gewinnen, ich predige hier ein wenig für meinen Berufsstand. Das mag sein. Ich bin aus Überzeugung unabhängiger Finanzberater.
Dennoch habe ich mich bemüht, einen Wegweiser niederzuschreiben, wie jeder Anleger für sich den richtigen Weg zu seiner *optimalen Geldanlage* finden kann. Darauf gehe ich auf den folgenden Seiten ein.

Wer glaubt, seinen Weg bereits gefunden zu haben und damit voll zufrieden ist, der kann an dieser Stelle mein Buch zur Seite legen oder noch besser, es weiterverschenken. ☺
Allen anderen wünsche ich eine kurzweilige Lektüre und wertvolle Erkenntnisse.

Inhalt

1 Dreht sich wirklich alles ums Geld?

Wenn wir über Finanzen oder Altersvorsorge reden, reden wir über Geld. So banal es klingt, ohne Geld können wir nicht vorsorgen. Warum?

Weil es anders heutzutage praktisch kaum möglich ist, geschaffene Werte so zu konservieren, dass sie zu einem späteren Zeitpunkt gegen Leistungen zu tauschen sind.

Konkret: Wir arbeiten – für Geld. Mit dem Geld kaufen wir uns die Dinge des täglichen Lebens, bezahlen unsere Miete, Auto etc. Wenn wir nicht mehr arbeiten können oder wollen, haben wir kein Geld und sind somit nicht in der Lage, uns selbst zufriedenstellend zu versorgen.

Daher sorgen wir vor. Mit unterschiedlichen Maßnahmen. Rentenversicherung, Arbeitslosenversicherung, Krankenversicherungen, sozialen Kassen (über Steuergelder). Und: Wir sparen!

Wenn wir unfreiwillig nicht mehr für unseren Lebensunterhalt sorgen können, können wir mit Leistungen aus Sozialversicherungen oder vom Staat rechnen. Leistung in Geld! Im verdienten planmäßigen Ruhestand übernehmen klassischerweise Rentenkassen unsere Versorgung. Diese ist abhängig von den vorangegangenen Beiträgen.

Den Meisten wird klar sein, dass wir hier von einer Basisversorgung sprechen. Sowohl aufgrund unserer Demografie als auch natürlich, weil den Versicherungen schlicht die Rendite zu Kapitalvermehrung fehlt.

Es ist daher unvermeidlich, dass jeder für sich selbst nach passenden Möglichkeiten suchen muss, heute geschaffene Werte zu konservieren und möglichst dabei zu vermehren. Ziel muss es sein, im Bedarfsfall eine mindestens gleichwertige Leistung wieder abzurufen.

Zu diesen Möglichkeiten werden auch Lösungswege gehören, in denen Sie vorübergehend Ihr Geld gegen andere Werte eintauschen. Beispielseise kaufen Sie sich eine Immobilie. Diese verkaufen Sie bei Bedarf wieder oder die späteren Mieteinnahmen tragen zu Ihrer Versorgung bei.
Vielleicht kaufen Sie sich auch Edelmetalle, Aktien oder Wertpapiere.

Dieser Tausch von Geld in andere Werte und zurück ist nichts weiter als eine Anlageentscheidung. In jeder dieser Entscheidungen liegen Chancen, aber auch Risiken.

Nur wenn Sie Ihr Geld, wie leider die meisten der Deutschen, bei Banken auf verzinslichen Kontoformen oder Spareinlagen belassen, halten Sie durchgängig Ihr Geld fest. Natürlich auch, wenn Sie Bargeld im Safe aufbewahren. Glauben Sie nicht, dass Sie dadurch automatisch risikolos Ihr hart verdientes Geld über die Zeit bringen. Sie müssen immer noch mit Inflation, Bankenpleiten und ggf. auch Währungswechsel rechnen.

Den Euro als Bargeld gibt es erst seit 2002. Davor gab es Deutsche Mark, Alliierte Mark, Reichsmark, Rentenmark und Mark. Es ist also gar nicht so klar, ob es möglich ist, seine Werte von heute durch einfache Verwahrung von Geld in den Ruhestand zu retten.

Fazit: Geld ist die Maßeinheit, in der wir heute unsere Werte messen. Für unsere Vorsorgeplanung sollte im Vordergrund stehen, über welche Wege wir diese Werte konservieren und mehren können. Voraussichtlich werden wir diese Werte irgendwann einmal wieder in Geld tauschen müssen, um eine Leistung zu bezahlen – wie auch immer sich diese Währung dann nennt!

2 Verkehrte Prioritäten

Millionen Bundesbürger spielen Lotto. Je größer der Jackpot ist, desto mehr Lottoscheine werden abgegeben. Rechnerische Gewinnchance auf einen Millionengewinn: 0,00000869 Prozent.
Chance auf Verlust des Kapitaleinsatzes: Nahe 99 %.
Bei der eigenen Geldanlage sollten die Chancenverhältnisse besser umgekehrt sein. Die Chance auf Gelderhalt sollte ja eher nahe 100 % liegen.
Vielleicht zweifeln so viele an dieser Wahrscheinlichkeit und meiden es daher, sich ernsthaft Gedanken über den sinnvollen Einsatz ihrer finanziellen Mittel zu machen.

Vor der Anschaffung eines neuen Kühlschranks betreiben die meisten Menschen inzwischen aufwendige Internetrecherchen, stellen Preisvergleiche an und studieren Testberichte.
Wenn es um die eigene finanzielle Zukunftsplanung geht, ist diese Motivation in der Regel nicht annähernd gegeben.

Mich interessieren die Gründe, warum sich so viele Deutsche davor scheuen, sich ernsthaft um die Finanzstrategie zu bemühen, die ihnen zusteht.
Auf den folgenden Seiten beleuchte ich mögliche Hindernisse. Welche dieser Hemmnisse hindern Sie daran, sich wirklich erfolgreich mit der Planung Ihrer Ersparnisse zu beschäftigen?

3 Steine aus dem Weg räumen

Bevor wir uns an brauchbare Lösungsansätze für möglichst optimale finanzielle Lösungswege heranwagen, sollten wir uns fragen, was die Menschen derzeit hindert, es besser zu machen.

Wenn Sie Menschen auf Geld ansprechen, zählen folgende Aussagen zu den meist genannten:

„Ich habe keine Ahnung von Geld(anlage)"
„Alle Berater/Banken wollen an mir verdienen"
„Wenn ich mehr Ertrag will, geht das nur mit mehr Risiko"
„Ich kann mein Geld nicht festlegen. Ich muss immer dran kommen"
„Es gibt ohnehin keine Zinsen mehr"
„Da schaue ich lieber im Internet"
„Ja, ich *müsste* mich damit mal beschäftigen ..."
„Ich warte noch .... ab" (Es gibt immer ein politisches oder sonstiges Ereignis, das zum Zaudern verleitet)

Hinter jedem dieser stellvertretenden Zitate stecken gleich mehrere Ursachen, warum der/die Betreffende sich gar nicht erst mit dem Thema Geldanlage beschäftigt oder einen absolut unbrauchbaren Weg wählt.

Bedeutet das jetzt, dass Menschen durch Einflüsse von außen vom Handeln abgehalten werden? Müssen wir uns einfach damit anfreunden, dass es für viele Betroffene keine geeigneten Anlagen und Finanzstrategien gibt?

Aus meiner Erfahrung *Nein!*

Ich habe mir einmal die Mühe gemacht und die Argumente hinterfragt, die dazu führen, dass Menschen bei diesen Themen resignieren.

Das Erstaunliche daran: In der Regel sind nicht die anderen, die Banken, der Ehepartner, der Arbeitgeber der wahre Grund. Sauber analysiert bleiben nur ein paar wenige Ursachen übrig, die uns wirklich am konsequenten Handeln hindern könnten.

Die gute Nachricht:

Die wichtigsten Hemmnisse können wir selbst beeinflussen.

Wie? Darauf gehe ich in diesem Ratgeber noch weiter ein.

4 Zwingend notwendige Eigenschaften für den Erfolg

Auf nachstehende persönliche Einstellungen haben Sie Einfluss. Aber wenn Sie sich bei einigen Idealen nicht öffnen können oder wollen, bleibt Ihnen sicher der Weg zu Ihrer optimalen Geldanlage verwehrt.

Fehlende Kenntnisse: 90 % der deutschen Anleger verfügen nicht über ein ausreichendes Fachwissen, um überhaupt annähernd nützliche Strategien für ihr Erspartes zu entwickeln. Kein Problem. Das lässt sich durch kompetente Unterstützung Dritter definitiv lösen, wenn **nicht gleichzeitig eines der folgenden drei Verhaltensmuster** für Sie unumstößlich ist:

Motivation: Natürlich hindert uns unsere Bequemlichkeit daran, wichtige Finanzentscheidungen konkret anzupacken. Denken Sie nur an die jährliche Steuererklärung.

Wer Sachkenntnis benötigt, sich aber nicht entscheiden kann, wichtige Themen anzugehen, für den gibt es *keinen optimalen Lösungsweg*.

Angst/Vertrauen: Sehr häufig ist auch festzustellen, dass Anleger im Rahmen einer früheren Beratung schlechte Erfahrungen gemacht haben. Es fällt ihnen schwer, erneut Vertrauen aufzubauen. Das betrifft die Wahl bestimmter Anlageformen, aber auch die Entscheidung, sich Hilfe durch einen Fachmann zu holen.

Wer es nicht schafft, sich grundsätzlich Neuem zu öffnen (helfende Personen oder unbekannte Anlagen), für den gibt es *keinen optimalen Lösungsweg.*

Geiz ist Geil: Alles soll billig, kostenlos oder günstig sein. Wer durch vermeintlich günstige Internetkäufe wertvolles Geld gespart hat, genießt in fast allen Bevölkerungsschichten eine gewisse Bewunderung. Viele weigern sich grundsätzlich, für eine nützliche Dienstleistung einen angemessenen Preis zu zahlen.

Anleger, die fachliche Hilfe benötigen, aber auf gar keinen Fall bereit dazu sind, für die vorteilhafte Dienstleistung einer Beratung ein angemessenes Honorar zu zahlen, für die gibt es *keinen optimalen Lösungsweg.*

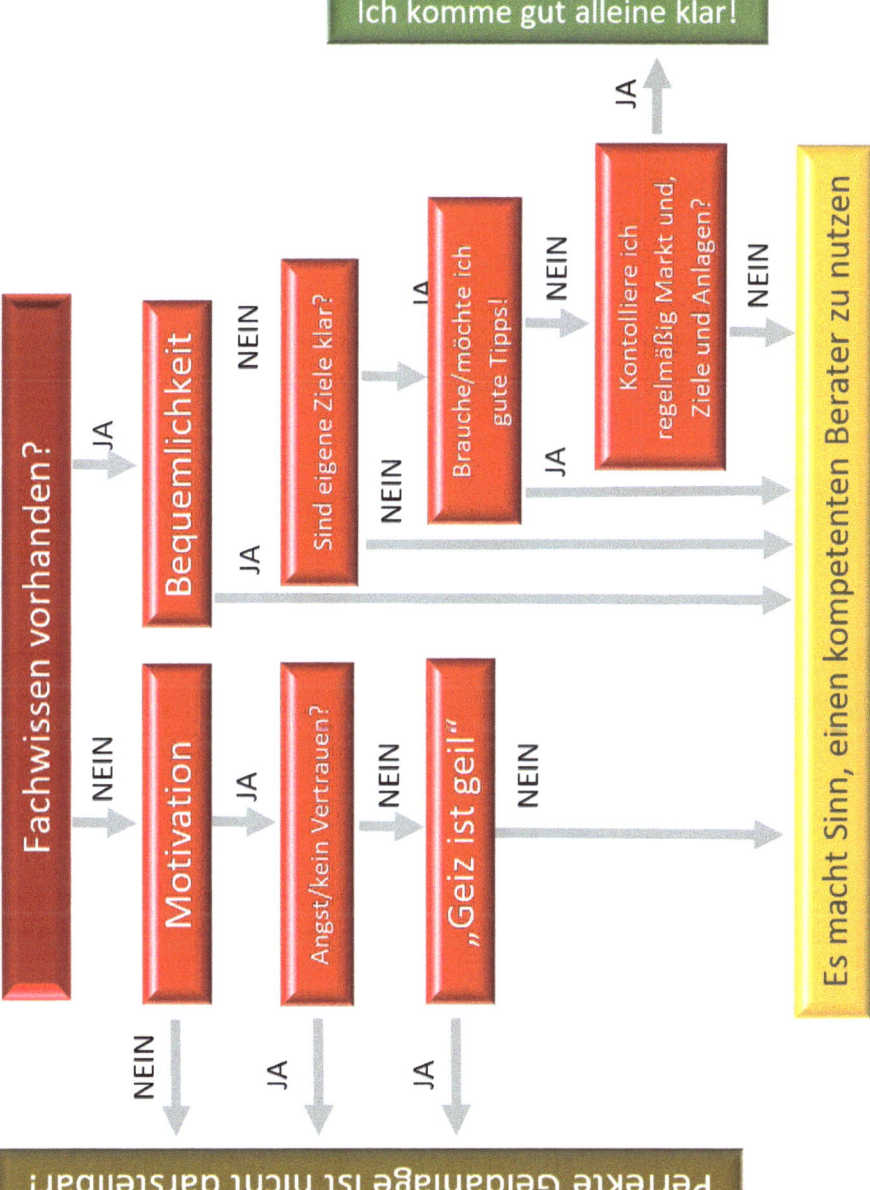

Ich komme gut alleine klar!

Fachwissen vorhanden?

JA → Bequemlichkeit

NEIN → Motivation

Bequemlichkeit
- NEIN → Sind eigene Ziele klar?
- JA

Sind eigene Ziele klar?
- NEIN
- JA

Brauche/möchte ich gute Tipps!
- JA
- NEIN → Kontolliere ich regelmäßig Markt und, Ziele und Anlagen?

Kontolliere ich regelmäßig Markt und, Ziele und Anlagen?
- JA → Ich komme gut alleine klar!
- NEIN

Motivation
- JA → Angst/kein Vertrauen?
- NEIN

Angst/kein Vertrauen?
- NEIN → „Geiz ist geil"
- JA

„Geiz ist geil"
- NEIN
- JA

Es macht Sinn, einen kompetenten Berater zu nutzen

Perfekte Geldanlage ist nicht darstellbar!

19

5 Bleiben Sie selbst der Bauherr Ihrer Finanzplanung

Ein Vergleich aus dem Leben:
Ich selbst halte mich für handwerklich recht begabt – was für einen Bänker offensichtlich unüblich erscheint.
In meinem Haus habe ich daher aus Überzeugung sehr viele handwerkliche Tätigkeiten selbst umgesetzt. Ich habe Spaß daran, die Dinge entstehen zu sehen, und freue mich am Ergebnis.
Allerdings lasse ich ganz sicher die Finger von sicherheitsrelevanten Dingen wie Wasser- und Stromleitungen, Heizung, Dach und Mauerwerk.

Dieses praktische Beispiel zeigt, dass sich die finanzielle Architektur deutscher Anleger gar nicht so groß von alltäglichen Dingen unterscheidet. Wer sich selbst gerne mit der Suche nach guten Anlagen beschäftigt, der soll das unbedingt tun, soweit er mit dem Ergebnis zufrieden ist.

Dabei muss man sich aber unbedingt klar darüber sein, welches Fachwissen und welche Fähigkeiten man besitzt. Bei den Basispfeilern der finanziellen Vorsorge kann auch viel falsch gemacht werden. Da sollte man im Zweifel dann doch den Fachmann fragen.

So wie ich bei der Sanierung meiner Heizungsanlage ohne Zögern den Handwerksbetrieb beauftrage.

Die Entscheidung, was Sie selbst gut können und was Sie auch gerne selbst machen möchten, trifft bei Ihrer finanziellen Planung exakt genauso zu wie in dem genannten Beispiel.

Auf den folgenden Seiten möchte ich Ihnen für die Definition Ihrer richtigen *Arbeitsteilung* einige Entscheidungshilfen geben.

5.1 So kommen Sie alleine zurecht

Ein mehrheitlicher Bevölkerungsanteil wird mit einer kompetenten Finanzberatung sicher besser fahren. Umgekehrt werden Anleger mit folgenden Eigenschaften sehr gut alleine ihren Weg zur optimalen Geldanlage finden:

- Sie haben das nötige Fachwissen. Seien Sie realistisch bei der Beurteilung Ihrer Fachkenntnis. Denken Sie dabei an ständig neue Entwicklungen von Anlageangeboten, aber auch an die ständig wachsende gesetzliche Regulierung bestehender und neuer Anlageformen.

- Sie können sich motivieren und sind bereit, in die erforderliche Verwaltung und Überwachung Ihrer Anlagen und die ständig notwenige fachliche Weiterbildung ausreichend Zeit zu investieren.

- Sie kennen Ihre eigenen Ziele, hinterfragen sie regelmäßig und passen sie regelmäßig an.

Letztendlich gibt es aber auch unter den versierten Anlegern diejenigen, die dennoch fachkundige Hilfe nutzen. Sei es, weil es bequemer ist, weil eine zweite Meinung willkommen ist oder weil sie es sich doch nicht zutrauen, über Jahre hinweg fachlich stets auf dem neuesten Stand zu bleiben.

5.2 Störfaktoren kennen und einplanen

Die nachstehenden Einflussfaktoren haben wir nicht im Griff. Dies sind die Herausforderungen, die in jeder finanziellen Planung Berücksichtigung finden müssen:

Null-Zins-Dekade: Über die letzten Jahre ist das Zinsniveau nach und nach gesunken. Voraussichtlich werden wir Jahre oder Jahrzehnte mit extrem niedrigen Zinsen leben müssen. Der Aufbau einer lebensnotwendigen Altersvorsorge ist somit sehr viel komplexer geworden. Heute ist es zwingend erforderlich, Vorteile anderer Anlageklassen sinnvoll für sich zu nutzen.

Ständige Veränderungen: Die Rahmenbedingungen für Finanzanlagen ändern sich ständig. Märkte ändern sich und auch der Gesetzgeber nimmt durch häufige Gesetzesanpassungen Einfluss auf Ihre zukünftigen Anlageerfolge.

Systemrisiken: Wie sicher ist unser Geld, unsere Währung? Wie sicher bleibt unser Bankensystem? Werden Bankenpleiten zu Geldverlusten bei Sparern führen? Welche Auswirkungen haben Terrorgefahren sowie unsere Abhängigkeit von Computern und Elektrizität in der Zukunft auf unsere heute getroffenen Finanzentscheidungen?

All diese Risiken müssen individuell gewertet werden und in der Planung Berücksichtigung finden.

5.3 Persönliches berücksichtigen

Sicherheitsanspruch: Jeder Mensch ist ein Individuum. Genauso individuell wie ein Mensch ist, sind auch seine Vorstellungen zu seiner perfekten Geldanlage. Überlegen Sie mal. Sie kennen sicher ängstliche Menschen und sehr selbstbewusste, mutige Menschen? In der Praxis definieren diese Menschen den Begriff *sichere Geldanlage* völlig unterschiedlich.

Moral: Wenn man Menschen nach ihren Idealen fragt, haben viele ihre konkrete Meinung zu Menschenrechten, Umwelt und Ethik. Leider denkt kaum jemand daran, dass auch diese Ideale bei der Geldanlage berücksichtigt werden können und sollten.

Lebensplanung: In der ganzheitlichen Betrachtung können und sollen Sie – unter Beachtung Ihrer oben genannten Ansprüche – alle nützlichen Anlageformen für Ihre Finanzplanung einsetzen. Dabei ist es wichtig, dass Sie immer zum richtigen Zeitpunkt an ausreichend viel Geld kommen. Für Unvorhersehbares oder wenn eine Planung nur sehr vage möglich ist, muss die Strategie ausreichend flexibel sein.

6 Häufig gemachte Fehler

6.1 Entscheidungsdruck durch Druck und Sog

Sobald Sie erkannt haben, dass das Erreichen Ihrer finanziellen Zielvorstellungen nur noch schwer oder gar nicht mehr möglich ist, handeln Sie unter Druck. Somit besteht die Gefahr, falsche Entscheidungen zu treffen.

Erkennen Sie beispielsweise sehr spät, dass Sie bisher zu wenig für eine auskömmliche Rente zurückgelegt haben, entsteht für Sie ein Erfolgsdruck. Bei dem Versuch, die Erträge auf das notwendige Niveau zu steigern, werden Menschen meist viel zu große Risiken eingehen.

Es erklärt sich von selbst, dass das sogar zu existenzbedrohenden Verlusten führen kann.

Interessanterweise unterlaufen auch Menschen Entscheidungsfehler, die keinem solchen Druck unterliegen. Wer seine Ziele bereits erreicht hat, wer gut vorgesorgt hat oder vermögend ist, verspürt oft keinen Handlungsdruck. Vielfach werden sinnvolle Entscheidungen nicht getroffen, weil man sich sicher fühlt. Vorhandenes Kapital kann somit schleichend und unbewusst Gefahren ausgesetzt sein (Inflation, Börsen-veränderungen, Marktveränderungen bei Immobilien, Schiffen und in andere Branchen).

Auch wer in der komfortablen Lage ist, sich finanziell sicher zu fühlen, muss sich regelmäßig zu seinen Finanzen Gedanken machen und Entscheidungen treffen. Die Entscheidung, nichts zu verändern, ist auch eine Entscheidung. Sie muss aber getroffen werden!

6.2   Sonderangebote meiden

Anleger denken häufig in Produkten. Die Finanzbranche bewirbt den neuen Sparvertrag, die einzigartige Versicherung oder das neueste *Sie-gewinnen-immer-Zertifikat* mit vollmundigen Renditeversprechungen.

Vermeiden Sie es, Ihre Anlageentscheidungen von an-sprechenden Angeboten beeinflussen zu lassen. Kern Ihrer finanziellen Planung sollte immer Ihr persönlicher finanzieller Maßnahmenplan sein. Nutzen Sie interessante Anlageangebote, die von außen an Sie herangetragen werden, nur dann, wenn sie den Nutzen Ihrer Gesamtplanung steigern.

6.3 Heiße Tipps

Fast jede Finanzzeitschrift veröffentlicht Musterdepots, beurteilt Versicherungsunternehmen und äußert sich irgendwie zu interessanten Finanzmarktthemen.

Nehmen Sie die Informationen gerne auf. Aber bewerten Sie sie kritisch.

Wenn Ihnen der erfolgreiche Geschäftsführer auf einer Party von seinen letzten tollen Aktienspekulationen erzählt, vermeiden Sie es, diese Strategie zu kopieren.

Ihre *optimale Geldanlage* kann niemals die Kopie eines anderen sein. Sie müssen sich schon selbst klarmachen, was zu Ihnen passt und was Sie genau tun sollten, um Ihre Ziele zu erreichen.

Presseberichte können Sie aber auch an wichtigen Entscheidungen hindern. Wer sich auf Bad News der Presse verlässt, findet immer Gründe, etwas nicht oder noch nicht zu tun. Die eine Krise noch nicht ausgestanden, wird die nächste schon herbeizitiert. Europa fällt auseinander, der Euro ist nicht mehr sicher, anstehende Wahlen, EZB-Entscheidungen, Natur-katastrophen, Terrorangst ... Sie kennen diese Schlagzeilen.

Wenn Sie für sich wissen, welche Maßnahmen Sie für Ihre *optimale Geldanlage,* sprich Finanzplanung, angehen müssen, *tun* Sie es!

6.4   Gute und schlechte Geldanlagen

Unterscheiden Sie nicht nach guten und schlechten Anlageangeboten. Banken und Emissionshäuser kreieren unterschiedlichste Investmentformen jeweils mit einer bestimmten Idee. Für irgendjemanden soll auch das komplizierteste Zertifikat Sinn haben.

Angeblich neutrale Gutachten oder Bewertungen dieser Offerten können zwar die Wirtschaftlichkeit und die Risiken zusammentragen, sie können aber niemals beurteilen, ob diese Anlage zu Ihnen passt. Und nur wenn eine Anlageform zu Ihnen und Ihren Zielen passt, werden Sie einen Nutzen daraus erfahren.

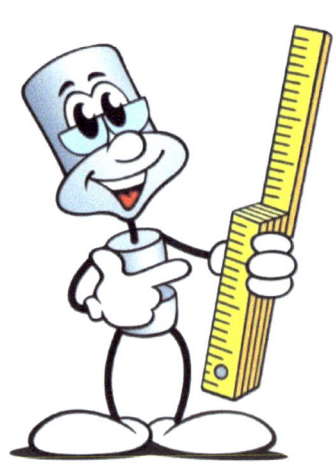

6.5 Auf den Lorbeeren ausruhen

Vorhandene Anlagen müssen stets zu Ihrer Lebensplanung passen und auf die Marktbedingungen abgestimmt sein.

Wer sich nach seiner einmal getätigten Anlageentscheidung nicht mehr darum kümmert, läuft Gefahr, dass sich erhoffte Vorteile in Nachteile drehen.

Auf der Marktseite können sich Zinsen, Börsenerwartungen, Bonitäten von Banken etc. ändern. Bemerken Sie zu spät, dass Sie besser reagiert hätten, verlieren Sie schlimmstenfalls Geld.

Aber auch wenn die Parameter einer Anlage nicht mehr zu Ihrer Lebensplanung passen, sollten Sie Anpassungen vornehmen. Beispielsweise nutzt Ihnen in der aktuellen Niedrigzinsphase ein Bauspardarlehen mit 5 % Darlehenszins nichts mehr, und wenn Sie die Fondsauswahl in Ihrer fondsgebundenen Lebensversicherung nicht regelmäßig überprüfen, verpassen Sie Erfolge oder verlieren sogar Geld.

Genauso wichtig, wie Sie die richtigen Entscheidungen treffen müssen, ist es, diese Entscheidungen fortlaufend zu überprüfen.

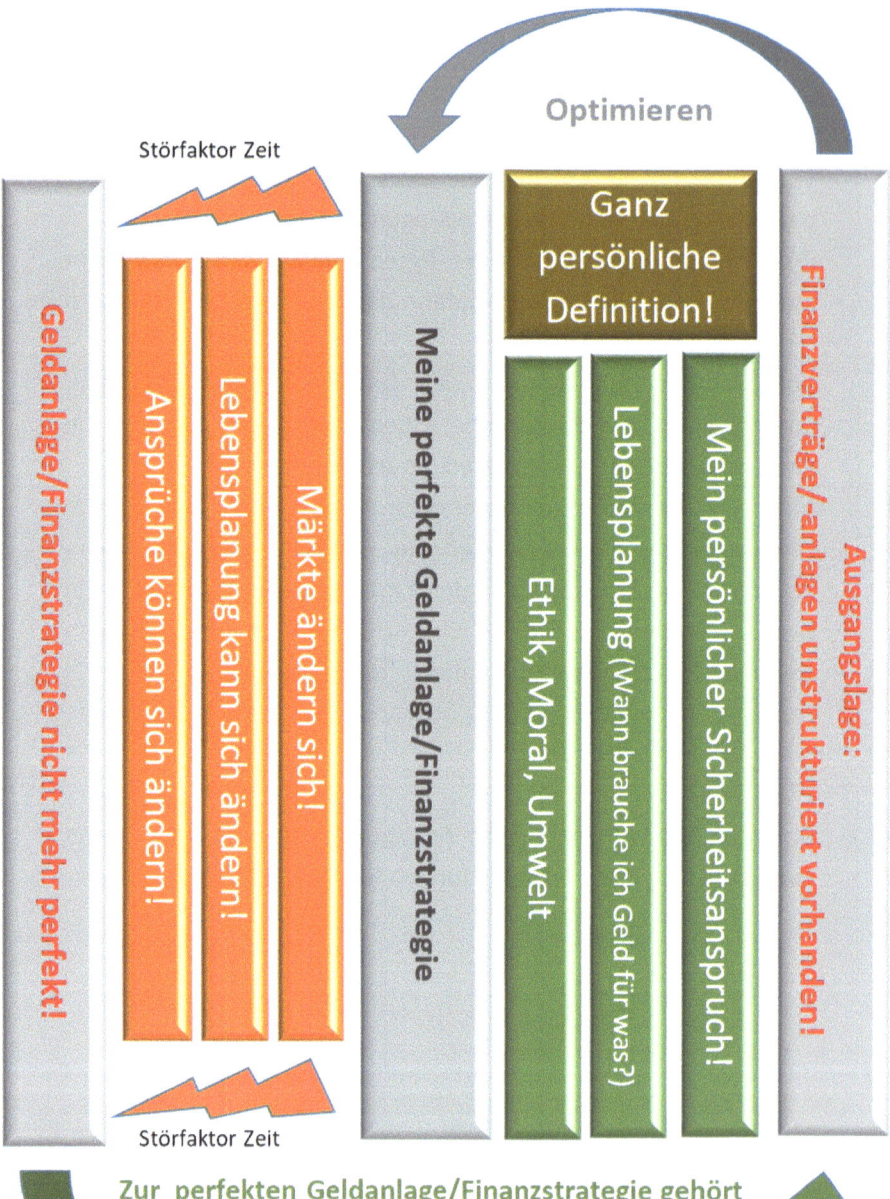

Optimieren

Störfaktor Zeit

Störfaktor Zeit

Geldanlage/Finanzstrategie nicht mehr perfekt!

Ansprüche können sich ändern!

Lebensplanung kann sich ändern!

Märkte ändern sich!

Meine perfekte Geldanlage/Finanzstrategie

Ganz persönliche Definition!

Ethik, Moral, Umwelt

Lebensplanung (Wann brauche ich Geld für was?)

Mein persönlicher Sicherheitsanspruch!

Ausgangslage:
Finanzverträge/-anlagen unstrukturiert vorhanden!

Zur perfekten Geldanlage/Finanzstrategie gehört auch immer die fortlaufende Anpassung

7 Hilfe suchen – aber wie?

88 % der Deutschen sehen das Management ihrer Finanzen in den eigenen Händen am besten aufgehoben. International scheinen die Deutschen führende Skeptiker in Sachen Finanzberatung zu sein. Nur 17 % geben in einer Umfrage an, dass Sie mit Beratern zusammenarbeiten. In den USA tun das 55 %, in China 39 %.
Kurioserweise räumen 46 % der Befragten aber ein, dass ein Gespräch mit einem seriösen Berater schwerwiegende Anlagefehler vermeiden kann.

Wer krank ist, vertraut sich selbstverständlich einem Arzt an und versucht sich nicht selbst an der Internetrecherche für die Behandlung. Beim Bau eines Hauses ist die Planung durch einen Architekten/Statiker verpflichtend. Nur bei der Organisation einer stabilen Finanzstruktur überwiegen die Zweifel, sich Hilfe zu holen.
Sicher hat die Finanzbranche in der Vergangenheit einiges dafür getan, dass zurecht Vorsicht geboten ist.

Wenn Sie sich nicht selbst um die Erarbeitung der richtigen Strategie kümmern wollen oder können, nutzen Sie die Hilfe eines kompetenten Experten.
Um den für Sie passenden Berater zu finden, sollten Sie die Überlegungen beachten, die ich unter Punkt 9 behandle.

7.1 Bankberater

Angestellte Berater einer Bank, Bausparkasse oder Versicherung haben ganz klar begrenzte Möglichkeiten, Ihnen die Finanzlösungen zusammenzustellen, die für Sie am vorteilhaftesten sind. Es ist schwer vorzustellen, dass Ihnen ein angestellter Berater einen bedarfsgerechten Maßnahmenplan erstellt, in dem Anlagen berücksichtigt werden, die das Kreditinstitut (Bausparkasse oder Versicherung) nicht selbst anbieten kann.

Unabhängig davon unterliegen angestellte Berater einer eingeschränkten Lösungsvielfalt durch klare Produkt- und Ertragsvorgaben.

Darüber hinaus steht dem Bankberater für ein Beratungsgespräch nur ein enges Zeitfenster zur Verfügung. Die gesetzlich vorgeschriebene Beratungsdokumentation nimmt hierbei bereits einen beträchtlichen Zeitrahmen ein. Der organisatorische

Abschluss einer Anlage kommt noch dazu. Für das eigentliche Analysegespräch bleibt somit wenig Zeit. Oft ist lediglich eine Produktaufklärung auf Basis der Kundenangaben möglich. Der Anleger erhält Anlagevorschläge in Verbindung mit einer Empfehlung.

Dabei möchte ich nicht den Vorwurf erheben, dass Bankberater schlechte Berater seien. Ich stelle lediglich infrage, dass selbst der motivierteste und gut ausgebildete Bankberater immer nur auf das Handwerkszeug und die Rahmenbedingungen zurückgreifen kann, die ihm sein Arbeitgeber zur Verfügung stellt. Bei einer Volksbank werden Sie keinen Fonds der Sparkasse angeboten bekommen, auch wenn er Ihnen den größeren Nutzen bringen würde.

Das sollten Sie bei der Zusammenarbeit stets im Blick haben und Empfehlungen kritisch hinterfragen. Das Rundum-Sorglos-Paket können Sie hier nicht automatisch erwarten. Sie müssen stets am Ball bleiben und auch eine Portion Fachwissen selbst mitbringen, um die Empfehlungen bezüglich ihres Nutzens zu prüfen.

7.2   Verbrauchzentralen

In Verbraucherzentralen sollte die Unabhängigkeit durchaus gegeben sein. Nach Auskunft der Verbraucherzentralen stammen die angestellten Mitarbeiter aus der Finanzbranche und werden regelmäßig geschult.

Wenn Sie auf den Rat einer Person Wert legen, wie wichtig ist Ihnen dann dessen Erfahrungsschatz?

Ist es nicht extrem nützlich, wenn der Beratende in vielen Jahren praktischer Erfahrung gute und schlechte Erfahrungen gesammelt hat? Insbesondere durch schlechte Erfahrungen kann Ihnen ein erfahrener Berater leidige Enttäuschungen ersparen.

Die Beratung in der Verbraucherzentrale ist meist eine einmalige Sache. Der Mitarbeiter erhält später keine Rückmeldung, wie es dem Anleger damit ergangen ist. Woher soll dieser Mitarbeiter also seine Erfahrungen sammeln?

Einige meiner Kunden berichteten mir von Erfahrungen bei Verbraucherzentralen. Es wurde offensichtlich eine saubere Analyse erstellt. Anlageempfehlungen wurden anhand von sauber klassifizierten Risikodefinitionen erteilt und das Ganze schriftlich ausgehändigt. Diese *hochwertige* Beratung dauerte 90 Minuten und kostete 150 €. Konkret erhielt eine Kundin die Empfehlung, in verzinsliche Anleihen und *kostengünstige* ETFs (passive Index-Fonds) auf DAX und Euro-Stoxx zu investieren. Diese Empfehlung war für den Moment durchaus vertretbar. Ohne fundierte Sachkenntnis war die Anlegerin mit diesen Investments allerdings schon nach kurzer Zeit völlig überfordert.

Hier zeigt sich ein gravierender Nachteil von solchen einmaligen neutralen Tipps. Selbst wenn die Lösung für den Zeitpunkt passend ist, es sagt Ihnen keiner, wann der Zeitpunkt gekommen ist, Anpassungen vorzunehmen. Sie können sich sicher vorstellen, dass sowohl verzinsliche Anlagen als auch ETFs nicht in jeder Marktphase vorteilhaft sind.

7.3 Presse und Fachzeitschriften

Musterdepots in namhaften Finanzzeitungen sind eben *Musterdepots.* Die Informationen können Ihnen Orientierung geben, aber keinen individuellen Ratschlag ersetzen.

Bedenken Sie, dass Titelthemen immer nach dem allgemeinen Trend gewählt werden. Die Redakteure haben die Auflage der Zeitung stets im Blick. Das sollten Sie wissen, bevor Sie sich von konkreten Themen begeistern lassen.

Historisch gibt es unzählige Beispiele, in denen Sie Pressethemen als Kontraindikator werten sollten. Kurz vor dem Platzen der Dotcom-Blase in 2000 riefen nahezu alle Medien, bis hin zur Tageszeitung, dazu auf, unbedingt in Aktien zu investieren. Wer das tat, verlor in den folgenden drei Jahren bis zu 70 % seines Investments.

Anfang 2003 schüchterte die Fachpresse mit Überschriften wie „Die Welt am Abgrund ..." oder „Sturz ins Bodenlose" die Leser ein. Am 12. März 2003 drehte der DAX in eine lang anhaltende Aufwärtsbewegung. Wer entgegen der Pressemeldungen handelte, konnte in den folgenden vier Jahren sein Investment vervierfachen!

Auch Verbraucherschutz- und Test-Magazine thematisieren rückblickend zum falschen Zeitpunkt die falschen Themen. Verfolgt man über Jahre die Berichterstattung, so erkennt man regelmäßig, dass einige Jahre später das gleiche Thema mit dem absolut gegenteiligen Ergebnis aufgearbeitet wurde.

Fazit: Fachzeitschriften können Ihnen helfen, sich zu informieren. Die Lektüre stellt aber gleichzeitig das Risiko dar, sich unfreiwillig in seiner Meinung beeinflussen zu lassen. Holen Sie sich mehrere Meinungen ein und machen Sie sich Ihre eigene Meinung. Nur so werden Sie zur richtigen Zeit in den richtigen Anlageklassen aufgestellt sein.

7.4 Robo Advise

Neuerdings gibt es im Internet automatisierte Beratungs-angebote. Nach einigen Online-Abfragen zu Alter, Risikoneigung, Anlagezeitraum und -summe erhalten Sie Vorschläge, welche Anlageformen zu Ihnen passen. Es wird Ihnen sogar der Online-Abschluss dieser Anlage offeriert. Anders als bei der Bestellung bei Amazon haben Sie hier allerding kein Umtauschrecht!

Stellen Sie sich vor, Sie würden sich bei gesundheitlichen Problemen statt von einem ausgebildeten Arzt von einer Software beraten lassen, die einige richtig clevere Ärzte haben programmieren lassen. Nachdem Sie den Fragenkatalog sauber abgearbeitet haben, wird der Termin beim Chirurgen zur Entfernung Ihres Blinddarms gleich mit vereinbart. Hier wäre eine persönliche Untersuchung sicher von Vorteil gewesen, vor allem, wenn die Bauchschmerzen auch medikamentös behandelt werden könnten.

Was ich damit sagen will, ist, dass die beste Software nur so intelligent sein kann, wie sie programmiert wurde.
Diese Form der Selektion kann nur begrenzt auf Ihre individuelle persönliche Situation eingehen. Ein EDV-gesteuerter Fragenprozess wird immer nur begrenzte Auswahlmöglichkeiten anbieten können. Wie soll eine Maschine abwägen können, wie Sie Ihr emotionales Risikoempfinden definieren (s. Kapitel 5.3)? Mit viel Glück finden Sie sich in einer der vorgegebenen Schubladen (Risikoklassen) wieder.

Dabei dürfen Sie nicht vergessen: Irgendjemand verdient mit diesen Internetofferten. Das heißt, es stehen wiederum vorselektierte Angebote hinter diesen Plattformen.

Sie erhalten einen Anlagevorschlag, auch wenn die Sondertilgung Ihrer Immobilienfinanzierung besser wäre. Vielleicht wäre es der bessere Ratschlag, Liquidität vorzuhalten, weil Sie eine Familie planen oder Ihre studierenden Kinder in Kürze ein Auslandssemester einlegen. Die Individualität solcher Empfehlungen stößt aufgrund der maschinellen Selektion schnell an ihre Grenzen. Es ist anzunehmen, dass in den kommenden Jahren der angebotene Analyseprozess immer weiter verfeinert wird. Eine persönliche Bedarfsanalyse, wie es in einem persönlichen Gespräch und insbesondere in einer langjährigen Vertrauensbeziehung möglich ist, wird der Computer meiner Meinung nach niemals erfüllen können.

Fazit: *Für Menschen, die sich gut auskennen und kritisch nachprüfen, können solche Internetangebote ein hilfreiches Tool sein. Die Sinnhaftigkeit der Empfehlung sollte jedoch ebenso plausibel geprüft werden wie die Kostenstruktur der Angebote (Provisionszahlung an das Internetportal).*

7.5 Unabhängige Berater

Wer zum Anwalt geht oder die Leistung eines Architekten nutzen möchte, der ist sich darüber klar, dass dessen Arbeit Geld kosten wird. In der Regel richtet sich die Bezahlung nach fest definierten Honorartabellen.
Von dem Rat des Fachmannes erwarte ich mir einen Nutzen, der diese Kosten absolut rechtfertigt.

Wenn es um Geldanlage geht, wird der Nutzen allgemein häufig unterschätzt. Dabei hängen von einer richtigen oder falschen finanziellen Planung unter Umständen Ihre zukünftige Existenz, Wohlstand und finanzielle Freiheiten ab.

Gute Beratung kostet ein Honorar, schlechte Beratung kostet ein Vermögen.

Ein Berater sollte so aufgestellt sein, dass er, wie der Architekt und der Anwalt, Ihren Nutzen im Fokus hat. Diese Motivation vorab zu erkennen, ist nicht einfach. Ein Indiz könnte sein, sich über die Bezahlung des Beraters zu informieren.
Hierzu erfahren Sie im folgenden Kapitel noch etwas mehr.

8 So wähle ich den Berater meines Vertrauens

8.1 Wer versteht mich?

Wenn die **Chemie zwischen Menschen stimmt**, ist alles einfacher. Auch bei der Beratung müssen sich Mandant und Berater *riechen* können. Das klappt nicht immer auf den ersten Blick und im ersten Gespräch. Ich meine auch, dass ein Termin nicht ausreicht, ein vertrauensvolles Gespräch zu führen, in dem man den Menschen kennenlernt und die finanziellen Fragestellungen herausarbeiten kann.

Ich habe heute den klaren Vorteil, dass meine Mandanten in der Regel gut verdienen oder über ein gewisses Vermögen verfügen. Somit ist ein größerer Aufwand bei der Analyse und der Maßnahmenplanung gerechtfertigt. Das ermöglicht auch in der Regel drei bis vier Gespräche, bevor überhaupt konkrete Anlageentscheidungen getroffen werden. Bis zu diesem Zeitpunkt haben Sie für sich sicher schon eine Meinung, ob Sie den Aussagen des Beraters Glauben schenken und ob Sie sich vorstellen können, die nächsten Jahre auf dessen Expertise zu vertrauen.

8.2 Langfristiges Miteinander

Wie schon im Kapital 6.5 beschrieben, ist die optimale finanzielle Situation ein fortlaufender Prozess. Es ist somit unumgänglich, stetig das Vorhandene zu überprüfen, Neues zu organisieren und auf äußere Einflüsse richtig zu reagieren.

Bei der Entscheidung für oder gegen eine Zusammenarbeit mit einem Fachmann muss natürlich bedacht werden, wie diese fortlaufende Betreuung Ihrer Finanzen organisiert werden soll. Können oder wollen Sie das selbst machen? Vertrauen Sie auf kompetente Unterstützung?

Optimalerweise begleitet Sie der Berater auch weiterhin, der Ihnen Ihre persönliche Strategie maßgeschneidert und organisiert hat.

Ebenso wichtig wie die Frage, ob Sie dem Berater vertrauen, ist die Frage, ob der Berater langfristig in der Lage ist, sich die Zeit für Ihre Beratung zu nehmen. Erkundigen Sie sich, wie viele Kunden er derzeit betreut und wo er seine Obergrenze sieht. Welche Priorität werden Sie innerhalb seiner Mandantschaft einnehmen können?

8.3 Was darf Beratung kosten?

Wie finanziert sich ein unabhängiger Berater? Das sollten Sie in Erfahrung bringen.

Selbstständige Berater können über Provisionen, Gebühren und Honorare bezahlt werden. Hier gibt es kein richtig oder falsch. Bei Provisionen sollte allerdings Transparenz herrschen. Nur so können Sie einschätzen, ob Empfehlungen durch Provisionsanreize beeinflusst werden.

Honorarmodelle sind sicherlich die klarste Möglichkeit, die Unabhängigkeit sicherzustellen. Aber auch Kombinationen aus Provision und Honorar können sinnvoll sein.

Am Ende des Tages werten Sie Ihren Erfolg *nach* Kosten. Beratung darf Geld kosten, es muss für Sie aber ein größerer Nutzen entstehen als ohne diese Beratung.

Ihren Nutzen werden Sie sicherlich als Allererstes an Ihren Erträgen werten. Sie sollten allerdings auch andere Parameter angemessen würdigen, wie zum Beispiel vermiedene Verluste und Serviceleistungen.

Fazit: Treffen Sie für sich die Entscheidung, ob Sie professionelle Hilfe benötigen oder sich einfach gönnen wollen.

Hören Sie sich um. Können Ihnen Bekannte einen vertrauenswürdigen Berater empfehlen?

Falls nicht, informieren Sie sich über Internet oder Branchenbuch über unabhängige Berater.

Vereinbaren Sie ein unverbindliches Kennenlern-Gespräch und hinterfragen Sie Erfahrung, Motivation und Bezahlung. Passt die Chemie? Möglicherweise führen Sie mehrere dieser Gespräche, bis Sie Ihren Berater gefunden haben. Aber es wird sich lohnen.

9 Ihre Weg zur optimalen Geldanlage

In Kapital 4 hatten wir uns die Hindernisse angeschaut, die uns von innen heraus am Handeln hindern. Zu diesen inneren Einstellungen sollten Sie sich Ihre persönlichen Wertigkeiten klarmachen, um den Weg zu Ihrer optimalen Finanzstrategie zu ebnen. Auf den folgenden Seiten gehe ich auf diese Punkte noch einmal ein und gebe einige Handlungsempfehlungen.

9.1 Motivation

Kennen wir das nicht alle?
„Ich müsste mal die Steuererklärung abgeben."
„Ab übermorgen achte ich auf meine Ernährung."
„Ich wollte schon immer mal meine alten Versicherungen überprüfen."

In erster Linie geht es einmal darum, sich aufzuraffen und zu handeln. Von nichts kommt nichts!

Dass es nötig ist, sich regelmäßig und dauerhaft um die eigenen Finanzen zu kümmern, sollte eigentlich klar sein. In den vergangenen Jahren haben wir alle viele Anlageentscheidungen getroffen.

- Brauchen Sie heute noch die Lebensversicherung, die Sie direkt nach Ihrer Ausbildung abgeschlossen haben?

- Reicht die Versicherungssumme zur Absicherung der Familie, die Sie früher als Single abgeschlossen haben?
- Brauchen Sie bei diesen Niedrigzinsen noch den Bausparvertrag?

Sie sehen, es wird wahnsinnig viel Geld liegen gelassen, weil man sich aus Bequemlichkeit nicht an die Überprüfung und Optimierung bestehender Finanzverträge macht.

Verständlich ist es natürlich, dass man von der gesetzlichen Regulierungswut schier erschlagen wird. Kürzlich habe ich für meine jüngste Tochter ein Kindergirokonto bei der örtlichen Sparkasse eröffnet. Es dauerte unendliche 90 Minuten und ich musste seitenweise Kleingedrucktes unterschreiben. Als Bänker kann ich mir einigermaßen vorstellen, was da drin steht. Aber der Normalbürger wird das wohl meist gar nicht lesen, geschweige denn verstehen.

Mit dieser Erfahrung kann ich mir sehr gut vorstellen, warum viele Menschen in der Anlageberatung keinen Mehrwert sehen. Schließlich sucht man nach Lösungen und nicht nach Herausforderungen.

Wenn die Hose nicht mehr passt, kaufen Sie eine neue. Wenn die Finanzen nicht mehr passen, tun viele einfach nichts, weil es nicht zwickt. *Noch nicht.* Das kommt aber sicher!

Notenbanken überfluten Europa mit neuem Geld. Die Staaten haben Schulden, die nie wieder zurückgezahlt werden können. Wir müssen uns grundsätzlich schon mal fragen: Wird das alles gutgehen?

Zinsen sind nahezu abgeschafft, auf Jahre hinaus. Die Altersvorsorge kann also nur aus eigenem Ersparten entstehen.

Das Kapital selbst bringt keinen eigenen Beitrag zur Vermögensvermehrung. Über die Jahre und Jahrzehnte fehlt so ein existenzieller Beitrag in der eigenen Wohlstandssicherung für spätere Jahre.

Dennoch gibt es so viele Menschen, die einfach nichts unternehmen. Die große Masse an Sparern nimmt ein Übel nach dem anderen einfach so hin. Ich wundere mich jeden Tag, dass die Deutschen nicht erkennen, welchen Schaden sie sich durch dieses Nichtstun selbst zufügen.

Quelle: Bank of Scotland

Es ist deutlich zu erkennen, dass die allermeisten Deutschen mit Blick auf die veränderten Rahmenbedingungen völlig falsch aufgestellt sind.

Wer sich mit seinen Finanzen beschäftigt, wird zwangsläufig auch mit Entscheidungen konfrontiert, die im Nachhinein nicht optimal waren. Lassen Sie sich hiervon nicht demotivieren.

Nutzen Sie die Chance, es zukünftig besser zu machen.

Schauen Sie nach vorne! Und bleiben Sie weiter am Ball!

9.2 Geiz ist Geil ...

Dieses Motto ist inzwischen salonfähig geworden. Wer brüstet sich nicht gerne damit, im Internet einen Artikel noch günstiger gekauft zu haben als im lokalen Einzelhandel.

Natürlich zahlt niemand gerne zu viel. Gerade bei Gebühren schauen viele Menschen besonders kritisch hin.

Nun wurden und werden viele Berater oder Banken durch Provisionen und Gebühren bezahlt. Auch die Bezahlung des Beraters durch ein angemessenes Honorar ist eine Möglichkeit.

Klar ist: Wer sich auskennt und bereit ist, sich um alle genannten Punkte selbst zu kümmern, für den gibt es überhaupt keinen Grund, Kosten dieser Art zu zahlen.

Aber der überwiegende Anteil der deutschen Anleger fährt besser mit einer passgenauen Beratung. Und die wird es nicht umsonst geben!

Machen Sie sich einfach klar, dass Sie ja mehr aus Ihrem Ersparten machen möchten. Freunden Sie sich am besten gleich damit an, dass es die Beratung Ihres Experten nicht umsonst geben wird.

Aber: Natürlich hat das Ganze nur Sinn, wenn Sie unterm Strich den größeren Nutzen haben.

Berücksichtigen Sie dabei Ihren zusätzlichen Nutzen aus einer professionellen Begleitung:

- höhere Erträge
- Vermögensschutz (Aufpasser!)
- Service (Dienstleistungen für bestehende Anlagen)
- aktuell bleiben (Sie werden proaktiv über gesetzliche Änderungen oder Kapitalmarktentwicklungen informiert und Handlungsempfehlungen werden daraus abgeleitet)
- Transparenz (Sie wissen immer, wo Sie stehen)

9.3 Moral

Sicher haben Sie bestimmte Werte, nach denen Sie Leben.

Sind Sie religiös?

Möchten Sie gern anderen Menschen helfen?

Sind Sie gemeinnützig oder ehrenamtlich tätig?

Sind Sie Vegetarier? Veganer?

Was halten Sie von genmanipulierten Lebensmitteln?

Wie wichtig ist Ihnen der Schutz unserer Umwelt?

Welche Energiequellen finden Sie gut?

Wie denken Sie über Kinderarbeit in Entwicklungsländern?

Unterstützen Sie Waffenexporte?

Sie sehen schon, es gibt sehr viele unterschiedliche Themen, zu denen Menschen sich eine Meinung bilden. Jeder entscheidet für sich, welchen Stellenwert bestimmte Themen einnehmen. Gegebenenfalls engagieren sie sich sogar konkret.

Auch bei der Geldanlage kann auf all diese Themen Rücksicht genommen werden. Investieren Sie nach Ihrem Gewissen.

Gutes tun:

Beispielsweise kann in Entwicklungsländern mit Mikrokrediten große Hilfe zur Selbsthilfe geleistet werden. Eine Familienmutter aus Equador beispielsweise, die jahrelang zu einem Hungerlohn in der Textilfabrik gearbeitet hat, konnte sich für umgerechnet 50 € eine Nähmaschine kaufen und sich so eine auskömmliche Existenz aufbauen. Privatanlegern bieten sich hier Einstiegsmöglichkeiten meist über Fonds.

Investieren Sie grün. In grünen Strom oder Waldinvestments.

Schlechtes boykottieren:

Wenn in Ihrer optimalen Strategie auch in Aktien angelegt werden darf, prüfen Sie, ob das Unternehmen zum Beispiel den Kohlebergbau vorantreibt oder Atomstrom forciert. Es gibt namhafte Unternehmen, die entweder selbst im Rüstungsgeschäft Geld verdienen aber auch zahlreiche Banken, die diese Unternehmen und deren Geschäfte finanzieren.

Das gleiche gilt für Themen wie Kinderarbeit, Waffen, Genmanipulation. Wenn Sie hier Ideale haben, die Sie höher einschätzen als Ihre Renditeerwartung, dann schauen Sie sich geplante Anlagen genau an.

Wenn Ihnen wichtig ist, was Ihr Geld bewegt, dann berücksichtigen Sie das bei Ihrer Anlagestrategie.

Informieren Sie Ihren kompetenten Berater darüber, was Ihnen wichtig ist. Er wird das bei der Erarbeitung Ihrer optimalen Strategie berücksichtigen können.

9.4 Sicherheit

Kennen Sie den Unterschied zwischen theoretischem Risiko-budget und emotionalem Risikobudget?

Ein Flugkapitän wird Ihnen immer sagen: „Fliegen ist sicher!"
Dennoch gibt es zahlreiche Menschen mit Flugangst. Und obwohl jeden Tag mehrere zehntausend Flüge sicher landen, kommt es vereinzelt zu tragischen Unglücken.

Für den Vorstand eines börsennotierten Aktienunternehmens ist die Anlage in Aktien etwas völlig Normales. Risiko definiert er anders.

Die junge Familie, die eifrig auf ihr eigenes Heim spart, kann sich keine Verluste leisten. Ebenso die siebzigjährige Rentnerin, die ihr Erspartes dringend für den Lebensunterhalt braucht.

Für diese Menschen kann schon eine Bundesanleihe zu risikoreich sein.

Was ist also Risiko?

Das definiert jeder Mensch für sich ganz individuell.
Die Kunst ist es, die persönlichen Empfindungen zu hinterfragen und anhand von Beispielen greifbar zu machen. Nur ein erfahrener Finanzprofi ist in der Lage, eine individuelle Risikodefinition herauszuarbeiten und daraus die passenden Anlageformen abzuleiten.
Leider stimmt die *Angabe auf der Verpackung* nicht immer mit dem Inhalt überein. Vielleicht erinnern Sie sich noch an den Fall Prokon. Ich habe in meinen Analysegesprächen einige Rentner kennengelernt, die voller Stolz von ihrer Prokon-Anlage berichtet haben. *Sichere* bis zu 8 % Zinsen und mehr wurden hier erwartet. Die Genussrechte wurden beworben wie ein verzinsliches Wertpapier. Den Anlegern war nicht klar, dass sie Eigenkapital für die Prokon AG bereitgestellt haben. Eine Bindung an ein konkretes Windpark-Projekt gab es nicht. Es folgten die Insolvenz und Verluste für die sicher geglaubten Anleger.

Das Thema Sicherheit ist für private Anleger am allerschwierigsten alleine zu lösen. Neben dem theoretischen Wissen ist hier eine jahrelange Erfahrung entscheidend.
Anlageformen entwickeln sich stetig weiter. Gesetze werden geändert. Neben einem unendlich breiten Fachwissen über Anlageklassen und historische Marktentwicklungen müssen auch stets die aktuellen Veränderungen bekannt sein, um Risiken einzelner Angebote einschätzen zu können.

100%ige Sicherheit gibt es nicht. Banken sind nicht vor der Pleite geschützt. Bargeld kann ausgetauscht oder ungültig werden. Der Preis Ihrer Immobilie verändert sich stetig und es könnten

Ereignisse eintreten, durch die Ihre Immobilie überraschend an Wert verliert. (Arbeitgeber verlassen die Region, Naturkatastrophen, soziale Brennpunkte in der Nachbarschaft etc.).

Risiken gibt es in ganz unterschiedlichen Ausprägungen. Zwischen *Totalverlust* und *abweichendem Ertrag* gibt es sehr viele Facetten.

Sprechen Sie hier besser mit einem Fachmann.
Für den Fall, dass Sie erwägen, Ihre Finanzen ohne fremde Hilfe zu organisieren, nutzen Sie zumindest eine einmalige fachliche Beratung zu den denkbaren Anlageklassen im Allgemeinen (gegen ein angemessenes Honorar) und vermeiden Sie unbewusste Risikoquellen.

9.5   Lebensplanung

Da Sie jetzt gerade mein Buch lesen, liegt es nahe, dass Sie sich auch jetzt Gedanken zu Ihren Geldanlagen machen und mit nützlichen Strategien beschäftigen. An welchem Punkt in ihrem Leben befinden sich gerade?
Selbstverständlich hat ein achtzehnjähriger Student andere finanzielle Pläne als ein fünfzigjähriger Ingenieur oder ein siebzigjähriger Rentner.
Und natürlich sind alle Menschen Individuen. Unabhängig vom Beruf und Alter hat jeder Mensch seine individuellen Zukunftspläne.
Es ist also ganz und gar unmöglich, pauschale Aussagen zur richtigen Geldanlage zu treffen.

Im Laufe Ihres Lebens werden sich Ihre finanziellen Ziele immer wieder ändern. Ihre Risikobereitschaft und Ihre moralischen Werte verändern sich mit dem Alter ebenso wie der emotionale Druck, Erträge erwirtschaften zu wollen oder zu müssen.

Ihre persönliche Zusammenstellung aus unterschiedlichen Anlageformen wird optimalerweise in verschiedenen Lebensetappen unterschiedlich gewichtet sein.

Zu einer ideal passenden Finanzplanung gehört es, dass Sie Ihre Finanzen fortlaufend an Ihr Leben anpassen.

Akzeptieren Sie zu jedem Zeitpunkt, dass die heute getroffenen Entscheidungen nur für den Moment perfekt sind. Damit meine ich nicht jede einzelne Anlage für sich, sondern das große Ganze. Können Sie Ihre Lebensplanung nur zum Teil klar definieren, sollten Sie sich so aufstellen, dass Ihr Anlagemix flexibel genug ist, um auf Planänderungen zu reagieren. Dann müssen angemessene Vermögensteile – zur Not zulasten der Rendite – verfügbar oder mit kürzeren Anlagehorizonten untergebracht werden.

Ein Schlüssel zum Erfolg ist es, diesen ständigen Wandel zu akzeptieren und die Finanzplanung entsprechend zu gestalten.

Wenn Sie sich jetzt fragen, wie soll ich denn das schaffen, dann verweise ich auf meine Ausführungen zu Beginn dieses Buches. Eignen Sie sich umfangreiches Finanzwissen an und bleiben Sie am Ball oder vertrauen Sie sich einem kompetenten Finanzberater an, der Sie über lange Zeit begleiten kann.

9.6 Bequemlichkeit

Gibt es in Ihrem Leben nicht auch Dinge, die Sie zwar selbst erledigen könnten, die Sie aber von ganzem Herzen vermeiden wollen?

- Steuererklärung: Wer das lästig findet, nutzt einen Steuerberater.
- Renovierung: Tapezieren und malern schafft ja fast jeder. Dennoch hat es Sinn, den Maler zu bezahlen, um sich selbst wertvolle Zeit oder einfach nur Nerven zu sparen.
- Reifenwechsel: Viele schrauben selbst, andere gönnen sich den Service eines Reifendienstes.

Bei den eigenen Finanzen ist die Bereitschaft, sich durch Dienstleister entlasten zu lassen, noch gering. Für wohlhabende Familien dagegen ist das die Regel. Kaum ein Multimillionär kümmert sich den ganzen Tag um sein investiertes Vermögen. Hier werden Vermögensverwalter und Family-Offices beauftragt. Überdenken Sie einfach mal, wie lästig Ihnen die Organisation Ihrer eigenen Finanzen ist. Ohne ein angemessenes Engagement werden Sie nicht zur richtigen Zeit die richtigen Entscheidungen treffen können. Sie verschenken dann Geld, das Ihnen im Ruhestand nützen könnte.

Fazit: Zu Ihrer optimalen Geldanlage gehört auch die Bequemlichkeit, die Sie sich wünschen. Nutzen Sie externe Hilfe, wenn Sie nicht immer alles selbst im Auge behalten wollen (oder können). Diese Bequemlichkeit ist etwas wert. Gönnen Sie es sich!

9.7 Gier

Natürlich ist jeder Anleger auf der Suche nach möglichst guten Erträgen. Fragen Sie sich selbst, ob Sie bei der Auswahl aus zwei absolut sicheren Anlagen mit identischer Ausstattung die mit 3 % Rendite oder die mit 5 % Rendite wählen würden.

Selbst wer Geld im Überfluss hat und es niemals in seinem Leben selbst ausgeben könnte, wählt die höher verzinste Alternative. Warum? Das liegt in unserer Erziehung. Warum auf Geld verzichten?

Meistens ist es allerdings zwingend erforderlich, eine bestimmte Rendite zu erreichen, um ein geplantes finanzielles Ziel zu erreichen. Je nachdem, welche Priorität dieses Ziel hat (unverzichtbare Altersvorsorge oder Kauf eines Sportwagens), agieren Sie mit mehr oder weniger Ehrgeiz.

Die Gefahr liegt nun darin, den angestrebten Ertrag in den Fokus der Analyse zu legen. Wenn Sie etwas unbedingt haben wollen, blenden Sie bestimmte Nachteile aus oder gewichten sie geringer. Dann laufen Sie in Gefahr, Entscheidungen zu treffen, die Ihnen zu viele Risiken aufbürden. Sofern diese Risiken eintreten, werden Sie Ihr angestrebtes finanzielles Ziel niemals oder nur mit erheblich größerem Aufwand erreichen können.

Wer schon mal erfolgreich mit Aktien gehandelt hat, kennt das vielleicht. Mit den Erfolgen werden weitere Käufe schneller und leichter getätigt. Die Summen werden größer, weil Risiken nicht mehr als solche wahrgenommen werden. Irgendwann kommt das große Erwachen. Schnell können große Vermögen zu kleinen werden.

Daher gilt es, immer realistisch zu bleiben. Treffen Sie Ihre Anlageentscheidungen strategisch. Erarbeiten Sie sich Ihre Strategie und wählen Sie die Anlagebausteine mit Bedacht unter Beachtung Ihrer Risikotragfähigkeit aus.

Tipp: *Optimalerweise sprechen Sie diese Entscheidungen mit einem fachkundigen Dritten durch. Er ist in der Lage zu hinterfragen und Ihnen gegebenenfalls einen Spiegel vorzuhalten, wenn Sie einen Widerspruch selbst nicht erkennen.*
In der Zusammenarbeit mit einem (Ihrem) Finanzberater ist das ein wertvoller Nutzen, dessen man sich bewusst sein sollte.

10 Schlusswort

Ob man es will oder nicht: Vermögen macht Arbeit. Irgendjemand muss sich laufend darum kümmern – entweder man selbst oder man delegiert die Aufgaben.

Definieren Sie Ihre Ziele. Falls Ihnen das alleine schwerfällt, nehmen Sie Hilfe in Anspruch.
Werden Sie sich klar, was möglich ist und was nicht. Bleiben Sie auf dem Teppich. (Eine Million Euro zu verdienen in fünf Jahren, ist kein realistisches Ziel.)
Verschaffen Sie sich das nötige Wissen oder binden Sie einen Experten in Ihre Entscheidungen mit ein.
Bleiben Sie dauerhaft am Ball. Überprüfen Sie Ihre Finanzentscheidungen regelmäßig vor dem Hintergrund familiärer Veränderungen, Veränderungen Ihrer Prioritäten und Werte sowie der allgemeinen Marktveränderungen.
Stellen Sie sich mit unterschiedlichen Anlageklassen, die jeweils zu Ihnen passen, möglichst breit auf, denn wer gut streut, rutscht nicht aus.

Es muss nicht immer alles sofort in die Tat umgesetzt werden. Wenn der Plan steht, kann die Anlage einzelner Angebote auch schon mal mit Zeithorizont angegangen werden. Nicht immer sind die gerade im Angebot befindlichen Lösungen die besten.

Wenn Sie diese Ratschläge beherzigen, sollte es Ihnen gelingen, die für Sie *optimale Geldanlage* zu organisieren – und zwar dauerhaft.

Denn: Vermögen sollte beruhigen und nicht belasten.